Máquinas simples

Las poleas son máquinas

Douglas Bender
Traducción de Milly Blanco

Un libro de Las Raíces Plus de Crabtree

Crabtree Publishing Company
www.crabtreebooks.com

Apoyos de la escuela a los hogares para cuidadores y maestros

Este libro ayuda a los niños en su desarrollo al permitirles practicar la lectura. Abajo están algunas preguntas guía para ayudar al lector a fortalecer sus habilidades de comprensión. En rojo hay algunas opciones de respuesta.

Antes de leer:

- ¿De qué pienso que tratará este libro?
  - *Pienso que este libro trata sobre las poleas.*
  - *Pienso que este libro es acerca de lo importante que son las poleas en nuestra vida cotidiana.*
- ¿Qué quiero aprender sobre este tema?
  - *Quiero aprender cómo funcionan las poleas.*
  - *Quiero aprender cómo se utilizan las poleas en diferentes trabajos.*

Durante la lectura:

- Me pregunto por qué...
  - *Me pregunto por qué una soga y una rueda son partes de una polea.*
  - *Me pregunto por qué una polea se llama una máquina simple.*
- ¿Qué he aprendido hasta ahora?
  - *Aprendí que las poleas nos ayudan a mover las cosas.*
  - *Aprendí que las poleas pueden ser grandes o pequeñas.*

Después de leer:

- ¿Qué detalles aprendí de este tema?
  - *Aprendí que un asta de la bandera utiliza una polea pequeña para subir y bajar la bandera.*
  - *Aprendí que los elevadores usan muchas poleas grandes.*
- Lee el libro una vez más y busca las palabras del vocabulario.
  - *Veo la palabra* ***rueda*** *en la página 9 y la palabra* ***elevadores*** *en la página 20. Las demás palabras del vocabulario están en la página 23.*

Esto es una **polea**.

Polea

Palanca

Tornillo

Es una **máquina simple**. Hay seis máquinas simples.

Cuña

Plano Inclinado

Rueda y Eje

Las máquinas simples tienen pocas o ningunas piezas en movimiento.

Una polea tiene dos partes.

SWL 200KG
spencer carter
HARBOUR
SS 161

Una polea tiene una

soga.

La soga se mueve a lo largo de una **rueda**.

Las poleas nos ayudan a mover las cosas. Esta polea mueve a los esquiadores por la montaña.

A veces las personas usan más de una polea.

Muchas poleas nos ayudan a mover cosas grandes, como una vela en un velero.

Las poleas pueden ser pequeñas.

Un **asta de bandera** usa una polea pequeña.

Sam jala la soga para levantar la bandera.

Las poleas también
pueden ser grandes.

¡Los **elevadores** usan muchas poleas grandes!

Lista de palabras
Palabras básicas

a lo largo
ayudan
cosas
de
dos
en
es
esta
grandes
jala
la
más
movimiento
muchas
ningunas
o
partes
pequeña
piezas
pocas
pueden
se mueve
ser
también
tiene
un
una
usa
usan

Palabras para conocer

asta de bandera

elevadores

máquina simple

polea

rueda

soga

Crabtree Publishing Company

MÁQUINAS SIMPLES
LAS POLEAS SON MÁQUINAS

Written by: Douglas Bender
Translation to Spanish: Milly Blanco
Designed by: Rhea Wallace
Series Development: James Earley
Proofreader: Janine Deschenes
Educational Consultant: Marie Lemke M.Ed.
Photographs:
Shutterstock: VDB: cover, p. 1; Nach Noth: p. 3, 23; Chris Lawrence Travel: p. 7, 23; Mikhail Gratkoskiy: p. 8, 9, 23; Konoplytska: p. 11; David Arosta Alley: p. 12-13; Cegli: p. 14; Juan Aunion: p. 15; Vibe Images: p. 17; Storman: p. 19; AvDe: p. 21, 23

Library and Archives Canada Cataloguing in Publication

CIP available at Library and Archives Canada

Library of Congress Cataloging-in-Publication Data

CIP available at Library of Congress

Crabtree Publishing Company

www.crabtreebooks.com 1-800-387-7650

 Printed in the U.S.A./072022/CG20220201

 In Canada: We acknowledge the financial support of the Government of Canada through the Canada Book Fund for our publishing activities.

Published in the United States
Crabtree Publishing
347 Fifth Avenue, Suite 1402-145
New York, NY, 10016

Published in Canada
Crabtree Publishing
616 Welland Ave.
St. Catharines, ON, L2M 5V6